Heike Tenta

Erzählen, Lesen, Schreiben

Herausgeber: Kreide, Dietzenbach
Idee und Gesamtkonzept: Heike Tenta, Ursberg-Mindelzell
Satz, Repro und Druck: ALS-Verlag GmbH, Dietzenbach
Bestell-Nr. 29.814 – ALS-Studio-Reihe 814
ISBN 978-3-89135-174-1

Bibliografische Information der Deutschen Nationalbibliothek
Die Deutsche Nationalbibliothek verzeichnet diese Publikation
in der Deutschen Nationalbibliografie; detaillierte bibliografische Daten
sind im Internet über <http://dnb.d-nb.de> abrufbar.

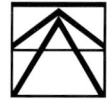

Allgemeiner Lehrer-Service
ALS-Verlag GmbH
Postfach 14 40
63114 Dietzenbach

Tel.: 0 60 74/82 16-0
Fax: 0 60 74/82 16-75
E-Mail: info@als-verlag.de
www.als-verlag.de

Literacy – was ist das eigentlich? Der Begriff Literacy beinhaltet nicht nur die Lese- und Schreibkompetenz, sondern auch alle Erfahrungen rund um die Erzähl-, Sprach- und Schriftkultur.

Der Kontakt mit der Schriftsprache ist ein Entwicklungsprozess, der lange vor dem Schuleintritt beginnt und durch eine spielerische Beschäftigung mit Büchern, durch das Betrachten von Bilderbüchern, das Vorlesen und Erzählen gefördert werden kann. Je früher die Kinder einen selbstverständlichen Umgang mit Büchern und Literatur insgesamt erfahren, umso größer sind ihre späteren Bildungschancen.

Die Wahrscheinlichkeit, dass Kinder zu guten Lesern werden, wenn sie einen frühen und spaßvollen Zugang zur geschriebenen Sprache hatten, ist deutlich höher, als bei jenen, die vor der Schule nur wenig mit Büchern und der Schriftsprache konfrontiert wurden.

Schon das Imitieren des Lesens, indem zum Beispiel der Puppe aus einem Bilderbuch „vorgelesen" wird, zeigt, dass die Funktion der Schrift verstanden wurde. Das Kind erlebt sich als „Leser" und erkennt, dass die geschriebene Sprache sowie Bilder für die gesprochene Sprache stehen.

Die gesprochene Sprache ist die Grundlage unserer Schriftsprache. Beste Voraussetzung für ein erfolgreiches Lesen- und Schreibenlernen ist eine kreative und vielfältige Sprachförderung. Geschichten und selbst erfundene Erzählungen schulen sprachliche Fähigkeiten, die für das spätere Leseverständnis sehr wichtig sind. Kinder lernen, Ereignisse und Handlungen in einer sinnvollen Abfolge zu erzählen, in ganzen Sätzen zu sprechen, die grammatikalischen Strukturen zu erkennen und den Wortschatz zu erweitern.

Phonologische Fertigkeiten, ein geschultes Ohr sowie die Fähigkeit zum konzentrierten Hören sind wichtige Elemente auf dem Weg in die Schriftsprache.

Ähnlichkeiten und Unterschiede zwischen den Lauten wahrzunehmen, einzelne Buchstaben zu hören und Silben zu zerlegen, sind Voraussetzungen zum späteren Lesen- und Schreibenlernen.

Reime, Verse, Rollenspiele, Rätsel, Zungenbrecher und Gedichte stellen Begegnungen mit lebendiger Sprache dar und regen an, Sprache in ihrer vielfältigen Funktion kreativ zu erforschen.

Wichtig ist der lustvolle Umgang, die Freude an Sprachspielen, an Büchern, Geschichten und Erzählungen. Nur ein freudvoller Einstieg in das Thema „Literacy", ohne Druck und Drill, wird nachhaltig zum Erfolg führen. Neben der Erweiterung von Kenntnissen, Entwicklung und dem Festhalten von Ideen macht das Lesen und Schreiben einfach auch Spaß und bereichert unser Leben auf vielfältigste Weise. Das Lesen und Schreiben sollte neben Sprachspielen ganz selbstverständlich in den Alltag der Kinder eingebaut werden.

ZUM UMGANG MIT DIESEM BUCH

Damit Kinder einen breiten Zugang zur Literatur bekommen, Lese- und Schreiblust entwickeln, ist allein der freie Zugang zu Lesematerialien nicht ausreichend. Es braucht die Erwachsenen, die sinnvolle Angebote vermitteln und Interessen aufgreifen.

Durch den kreativen Umgang mit Sprache und Schrift ergeben sich neben den vorgestellten Ideen, die nur als Beispiele dienen können, zahlreiche weitere Umsetzungsmöglichkeiten. Da kann ein Projekt „Buchstabe der Woche" entstehen, bei dem der Buchstabe in unterschiedlichen Techniken hergestellt wird: gewebt, gedruckt, mit Fingerfarbe gemalt, aus Ton oder Pappmaschee geformt oder aus leckerem Teig gebacken.

Auch mit Schriftzeichen aus anderen Kulturkreisen kommen die Kinder in unserer multikulturellen Welt immer wieder in Berührung. Auf Speisekarten in Restaurants, auf Verpackungen oder Anleitungen – aufmerksame Beobachter finden viele dieser fremden Zeichen und Symbole, die alle zum weiteren Forschen anspornen können. Daneben gibt es Signale und Codes zu entdecken. Wie schön, wenn Kinder das Fingeralphabet kennen und sich geheime Nachrichten zukommen lassen können.

Diese unterschiedlichen Themenbereiche würden den Rahmen dieses Buches sprengen, sollten aber nicht aus den Augen verloren werden.

Kinder beobachten und imitieren die Erwachsenen in den unterschiedlichsten Alltagshandlungen. Sie verfolgen, wie diese Einkaufzettel schreiben, sich Notizen machen, in Büchern oder Zeitschriften lesen oder SMS und Mails verschicken. Wenn die Kinder an den Aktivitäten der Erwachsenen teilhaben können, verstehen sie die Funktion und den Nutzen von Schrift.

Unterstützen Sie die ersten kindlichen Schreib- und Leseversuche. Dass dabei Fehler entstehen, ist ganz normal. Wie auch in der Sprachentwicklung vollzieht sich der Schriftspracherwerb über verschiedene Stufen, die individuell durchlaufen werden.

Dieses Buch richtet sich gleichermaßen an Erzieherinnen, Erzieher, Lehrkräfte, Eltern – eben an alle, die die sprachliche Bildung des Kindes spielerisch fördern und positiv beeinflussen möchten. Der Einfachheit halber habe ich im Folgenden ausschließlich die Formulierung „Erzieherin" verwendet und hoffe, dass sich dennoch alle Leser angesprochen fühlen.

Sie finden in diesem Buch Anregungen und Impulse, die den Kindern unterschiedliche Literacy-Erfahrungen ermöglichen, die Sie aber alle weiter ergänzen und ausbauen können. An dieser Stelle möchte ich mich für die tolle Unterstützung der mitwirkenden Kinder und Mitarbeiter des Kindergartens Breitenthal sowie der Bücherei in Mindelzell bedanken, die diese Projekte mit Freude durchgeführt haben und zahlreiche spannende und kreative Anregungen entstehen ließen!

Viel Freude bei der Umsetzung der Ideen wünscht Ihnen

1. DIE WELT DER BÜCHER

Kinder, die mit Büchern umgehen, wollen sich deren Inhalte möglichst schnell selbstständig erschließen. Sie machen die Erfahrung, dass sich in der Kombination von Texten und Bildern neue, spannende Zusammenhänge ergeben – Schrift bekommt einen Sinn und will entziffert werden. Bücher sind ein ideales Mittel, um ins Gespräch zu kommen, Fragen zu beantworten, Spaß an Geschichten zu entwickeln und das eigenständige Erzählen zu fördern.

LESERATTEN UND BÜCHERWÜRMER

EINRICHTEN EINER LESEECKE

Als festes Ritual sollte allen Kindern häufig aus Büchern und Zeitungen vorgelesen werden. Daneben ist es wichtig, unterschiedliche Bücher in Regalen und Bücherkisten frei zugänglich zur Verfügung zu stellen. Eine ruhige Leseecke mit gemütlichen Sitzgelegenheiten motiviert dazu, sich mit Büchern zu beschäftigen.

Sorgfältig ausgewählte Sachbücher, Märchenbücher, Pop-up-Bücher, Geschichtenbücher, Bildbände, Kochbücher, Lexika, Fühl- und Tastbilderbücher sollten thematisch vielschichtig sein und alle Altersstufen ansprechen. Ob diese Leseecke auch Hörspiele, Musikkassetten oder einen Computer beinhaltet, sollte davon abhängen, ob andere durch die Benutzung dieser Medien gestört werden würden.

Diese Leseecke kann nun weiter ausgestaltet werden. Beschriftete Schilder zeigen die Themen der Bücher auf, die durch Bilder ergänzt werden können.

MIT BÜCHERN UMGEHEN

Nur die Bereitstellung von Büchern reicht nicht aus, damit Kinder den Zugang zur Literatur finden. Neben dem gemeinsamen Vorlesen sollten sie auch bei vielen Gelegenheiten ermuntert werden, im Buchbestand zu schmökern und durch Frage- und Aufgabenstellungen eigenständig zu forschen, z. B. „Hol mir doch bitte das Buch mit den Drachen auf dem Deckblatt", „In welchem Buch stehen die Geschichten über den kleinen Jungen, der fliegen kann?", „In welchem Buch findest du alles über Autos?", „Du willst einen Frosch malen und weißt nicht, wie er aussieht? Schau mal in dem Tierbuch nach!" So wird die Aufmerksamkeit auf Bücher gelenkt und der Umgang damit selbstverständlich.

Mein Lieblingsbuch

ICH STELLE MEIN BUCH VOR

Bekommen die Kinder Gelegenheit, ihre Lieblingsbücher von zu Hause mitzubringen, können diese der Reihe nach vorgestellt und vorgelesen werden. Wer zu Hause keinen Kontakt zu Büchern hat, kann sich im Kindergarten ein Lieblingsbuch aussuchen. Dadurch könnte ein richtiges Verleihsystem mit Ausleihkarten, die beschriftet werden müssen, entstehen.

Um einen weiteren Kontakt mit Literatur zu ermöglichen, empfiehlt sich ein Besuch in einer Bücherei. Daneben bereitet es den Kindern sehr viel Spaß, eigene Bücher zu gestalten und dabei Themen aufzugreifen, die für sie interessant sind.

Vielleicht lassen sich auch Eltern, Großeltern oder andere Erwachsene als Vorlesepaten gewinnen, die in regelmäßigen Abständen neue Bücher vorstellen, vorlesen und ihre eigene Freude an Literatur an die Kinder weitergeben.

WIE IST EIN BUCH AUFGEBAUT?

Die Kinder betrachten verschiedene Bücher. Was haben sie gemeinsam? Bei näherer Betrachtung fällt auf, dass Bücher ein Cover haben, auf dem der Titel und der Autor stehen, dass es ein Inhaltsverzeichnis, Seitenzahlen, Texte und manchmal auch Bilder gibt. Sind Überschriften vorhanden, sehen diese meist anders aus als der übrige Text.

Nun gehen die Betrachtungen tiefer. Was steht bei diesem Buch auf dem Deckblatt? Welches Bild soll uns neugierig machen und wissen lassen, wovon das Buch handelt? Wie ist der Umschlag gestaltet?
Welche Farben, Formen und Bilder wurden benutzt? Welches Buch spricht mich besonders an? Welcher Inhalt interessiert mich? Wie würde mein selbst gestaltetes Buch aussehen? Welchen Inhalt hätte es?

Drucken mit Buchstabenstempeln

DAS ICH-BUCH

Ringordner mit Klarsichthüllen, BLANKI-Leporello, BLANKI-Bilderbuch oder ein großes Schreibheft

Großen Spaß macht es Kindern, ein Buch über sich selbst herzustellen. In einem Ringordner mit Klarsichtfolien, einem BLANKI-Leporello oder einem BLANKI-Bilderbuch können Lieblingslieder festgehalten, selbst erfundene Reime diktiert, Vorlieben und Wünsche abgebildet und die eigene Familie dargestellt werden.

So werden die Seiten zum Beispiel mit den Lieblingsfarben verziert, eine Art Tagebuch geschrieben und gemalt, Fotos von Lieblingstieren, Sportarten oder anderen Aktivitäten eingeklebt und Selbstporträts gestaltet.

Tipp
Um den Herstellungsprozess von Büchern genau zu erfahren, könnten Sie Autoren in den Kindergarten einladen, die darüber erzählen, wie ein Buch entsteht. Wer die Möglichkeit hat, eine Druckerei oder Buchbinderei zu besuchen, kann weitere interessante Einblicke in die Buchherstellung geben.

Einige Kinder erfinden kleine Geschichten und Erlebnisse, die im Buch festgehalten werden. Andere wiederum schneiden den Umschlag ihrer Lieblingsbücher aus ausgedienten Katalogen und kleben diese ein.

Stehen unterschiedliche Materialien zur Verfügung, zum Beispiel Buchstabenstempel, Glitzerstifte, besonders schöne Papiere oder Abbildungen, können sie eigenständig und fantasievoll ihr Buch und ihren Umschlag gestalten. Die nötigen Schreibaktivitäten werden von der Erzieherin unterstützt, die dazu ermuntert, diese Zeichen nachzumalen und zu schreiben.
Zum Abschluss stellt jeder sein eigenes Buch vor und präsentiert dies der Gruppe.

Den Buchdruck mit beweglichen, auswechselbaren Metallbuchstaben (Lettern) erfand Johannes Gutenberg aus Mainz. Mit diesen Lettern konnten die Bücher für die damalige Zeit erheblich schneller als zuvor gedruckt werden, was sich auf den Preis der Bücher auswirkte. Aufgrund dieser Erfindung wurden Bücher für viele Menschen erstmals erschwinglich. Schon gewusst?

7

WIR BESUCHEN EINE BÜCHEREI

Zeitungspapier, Bücher, Stift und Papier

Spielen Sie doch einen Besuch in der Bücherei mit einer Mitmachgeschichte nach. Hierzu wird die Geschichte vorgelesen oder erzählt. An den entsprechenden Textstellen ahmen die Kinder pantomimisch die Bewegungen nach oder beantworten Fragen. Die Abläufe und Handlungen in dieser Mitmachgeschichte können den Erfahrungen, die in der Bücherei gemacht wurden, angepasst werden.

Beispielgeschichte

Heute besucht unsere Gruppe die Bücherei. Wir gehen die Stufen zum Eingang hoch und öffnen die Tür.

(mit den Füßen auf dem Boden tippeln, pantomimisch die Tür öffnen)

Die Bibliothekarin begrüßt uns freundlich und fährt dann mit ihrer Arbeit fort. Sie nummeriert gerade neue Bücher und ordnet diese in die Regale ein.

(Schreibbewegungen nachahmen)

Hunderte von Büchern werden in der Bücherei aufbewahrt! Und damit wir nicht lange nach einem Buch suchen müssen, können wir die Bibliothekarin danach fragen. Sie schaut im Computer nach, ob dieses Buch vorhanden ist.

(tippen und im Computer suchen)

Wir können aber auch selbst nach Büchern schauen, denn diese stehen nach Themen geordnet in den Regalen.
Da gibt es Bücher über wilde Drachen und böse Hexen.

(Krallen zeigen und böse Grimassen schneiden)

Von Indianern auf der Jagd.

(Hand vor die Augen halten, mit Pfeil und Bogen schießen)

Bücher über Ritter und Burgen finden wir im Regal 3.

(drei Finger hochstrecken)

Über wilde Piraten und Seeräuber finden wir hier unten in den Kisten viele Geschichtenbücher. Sucht euch ein Buch aus.

(am Boden in der Kiste suchen)

Es gibt Bücher, die erklären, wie ihr euren Lieblingskuchen backt, da findet ihr alle Rezepte. Wie heißen diese Bücher?

(Back- und Kochbücher, Rührbewegungen nachahmen)

Wir finden hier auch Bücher über unterschiedliche Tiere. Welche Tiere sind dort abgebildet? Könnt ihr diese Tierlaute nachmachen?

(Tierlaute nachahmen)

Sogar über Tiere, die gar nicht mehr auf unserer Welt wohnen, gibt es ein Buch. Kennt ihr diese Tiere?

(Dinosaurier)

Aber das ist noch nicht alles. Viele Zeitungen, Kassetten, CDs und Bücher zu vielen Themen kann ich hier in der Bücherei entdecken. Doch wir sollten leise sein, denn die anderen Besucher wollen auch in Ruhe die Bücher anschauen.

(Finger auf den Mund legen)

Auch wenn wir manchmal auf ein bestimmtes Buch warten müssen, ist das nicht schlimm, dann warten wir eben und holen uns in der Zwischenzeit ein anderes Buch. Wie geht ihr miteinander um, wenn ihr höflich seid?

(Hand reichen, Bitte und Danke sagen, ...)

Auch bei uns im Kindergarten findet jedes Kind bestimmt ein spannendes Buch oder eine CD zum Anhören. Jeder darf sich nun etwas zum Anschauen oder Anhören ausleihen. Und wie in der Bücherei schreiben wir auf, wer welches Buch ausgeliehen hat. Danach dürft ihr es eine Woche lang mit nach Hause nehmen und darin schmökern.

(in die vorbereitete Bücherkiste schauen, sich ein Buch aussuchen und der Erzieherin zeigen, die dann aufschreibt, wer welches Buch mit nach Hause nimmt)

Gesprächsimpulse

• Welche Bücher haben euch am meisten interessiert?
• Welche Bücher finden wir hier bei uns in den Regalen?
• Sind unsere Bücher auch nach Themen geordnet?
• Wie sind die Bücher beschriftet?
• Wofür gibt es überhaupt Bücher?

DAS LEBENDIGE BILDERBUCH

Bilderbuchgeschichten, wie zum Beispiel der Bilderbuchklassiker „Wo die wilden Kerle wohnen" von Maurice Sendak, eignen sich sehr gut, um einzelne Elemente herauszunehmen und die Kinder direkt beim Vorlesen in diese Handlungen einzubeziehen. Während des Vorlesens halten alle kleine Äste in der Hand, rollen furchterregend mit den Augen, zeigen ihre Krallen und beweisen mit einem entsetzlichen Brüllen ihre Stärke oder machen fürchterlichen Krach.

Auch weiterführende Sprachspiele bieten sich hier an, zum Beispiel: Welche Wörter reimen sich auf „Wald", auf „still" oder auf „wild"? Was bedeutet eigentlich „mit den Zähnen fletschen" oder „fürchterlich"? Gibt es dafür auch noch andere Begriffe? Erfinden Sie kleine Reime mit den Kindern: „Ich bin ein Kerl, ganz groß und wild, das siehst du hier auf diesem Bild."

Durch gezielte Fragestellungen wird diese Geschichte zusammengefasst und kann noch einmal gemeinsam nacherzählt werden.

Gesprächsimpulse
• Warum musste Max auf sein Zimmer gehen?
• Was passierte dort?
• Wie kam Max zu den wilden Kerlen?
• Wo ist wohl dieser Ort mit den wilden Kerlen?
• Was hat Max dort erlebt?
• Warum wollte Max wieder heim?
• Wie kam er wieder zurück in sein Zimmer?
• Was hat Max dort vorgefunden?
• Welche Stelle in diesem Buch gefällt dir besonders gut?

Tipp
Danach könnten verschiedene Aufgaben gestellt werden, wie einzelne Elemente aus dem Bilderbuch, z. B. einen eigenen wilden Kerl oder Max im Schiff zu gestalten, aus Knetmasse zu formen oder zu malen. Auf diese Weise erhalten die Kinder noch einmal einen konkreten Zugang zur Geschichte, verarbeiten das Gehörte, vertiefen die Inhalte und können mit den hergestellten Figuren einzelne Szenen nachspielen und nacherzählen. So werden aus Zuhörern selbst Geschichtenerzähler – die Inhalte aus Bilderbüchern werden lebendig und mit viel Spaß umgesetzt.

Vorlesegeschichte „Wo die wilden Kerle wohnen"

WILDE KERLE AUS PAPPMASCHEE

Malerkittel, Holzplatte (ca. 20 x 30 cm), Tapetenkleister, Pinsel, Schüssel, Bleistift, Zeitungspapier, Klebeband, buntes Glanzpapier aus Zeitschriften, Aststück, Holzleim, Sand, Zeitungspapier als Unterlage

Die Kinder malen in groben Umrissen ihren wilden Kerl möglichst formatfüllend auf die Holzplatte. Mit Tapetenkleister und Pinsel wird die Figur anschließend dick eingestrichen.

Für die Herstellung von Kopf und Körper Zeitungspapier in Form knüllen und auf die mit Kleister bestrichene Holzplatte drücken. Zusätzlich kann diese Grundform mit etwas Klebeband fixiert werden. Danach weiteres Zeitungspapier in Streifen reißen und in Kleister einweichen. Das Papier in ein bis zwei Schichten um die Grundform wickeln, andrücken und festkleben.

Wilder Kerl aus Pappmaschee

Aus fest zusammengedrehtem Zeitungspapier, das mit Klebeband in Form gehalten wird, entstehen Arme, Beine, Hände, Füße, Hörner, Augen, Mund und Nase. Diese Teile fest andrücken und mit kleistergetränkten Papierstreifen an die Grundform kleben. Wer möchte, kann noch ein Aststück in passender Größe mit Holzleim neben der Figur aufkleben, die noch feuchte Zeitungspapierhand um den Ast biegen und mit Klebeband fixieren. Die ganze Form noch einmal mit einer Lage Zeitungspapier beschichten und mindestens einen Tag lang trocknen lassen.

Für die Oberflächengestaltung bunte Papierschnipsel reißen, die Figur wieder mit Tapetenkleister einstreichen und die Papierstücke in der gewünschten Farbe auf die einzelnen Formen drücken. Der Hintergrund kann beliebig gestaltet werden, besonders schön wirkt aufgeklebter Sand.

MAX SEGELT DAVON!

Kleine, leere Schachtel, Korken, Wattekugel, Wollreste, dünner Holzspatel, kleine Kugel Knetmasse, Buntpapier, Deckfarben, Stifte, Pinsel, Wasserglas, Klebstoff, Schere

Eine kleine Schachtel wird in den gewünschten Farben bemalt. Daraus entsteht nun das Schiff, mit dem Max davonsegelt. Während der Trockenzeit gestalten die Kinder ihre Figur. Dazu bemalen sie einen Korken als Körper und kleben oben eine Wattekugel als Kopf fest. Nachdem das Gesicht aufgezeichnet ist, können Wollreste als Haare aufgeklebt werden.

Jetzt wird das Segel hergestellt. Hierzu ein aus Buntpapier zugeschnittenes Dreieck an einem Holzspatel befestigen. Wird eine kleine Kugel aus Knetmasse auf den Schachtelboden gedrückt, kann man das Segel hineinstecken. Daneben nimmt Max nun Platz.

Gebastelte Schiffe

Tipp

Die Herstellung der wilden Kerle ist nicht schwer, aber es bedarf Zeit und Ausdauer, um so ein Relief aus Pappmaschee herzustellen. Wem diese Arbeit zu aufwendig ist, kann diese Gestaltungsarbeit als Gemeinschaftsarbeit auf einer größeren Holzplatte durchführen. Jüngere Kinder können die wilden Kerle auch aus Knet- oder Modelliermasse formen oder diese malen.

BEWEGUNGSSPIEL „DIE WILDEN KERLE"

Die Kinder stehen in einem größeren Raum oder in der Turnhalle verteilt.

Die Erzieherin trägt den Text vor, führt die entsprechenden Bewegungen dazu aus und erklärt die Aufgaben. Wer den Refrain beherrscht, spricht ihn mit.

**1. Die Kerle machen wilde Fratzen
und zeigen dazu ihre Tatzen.**

(wilde Gestik und Mimik zeigen)

**Refrain: In einem dunklen Wald, da wohnen
wilde Kerle und sie thronen
auf den allerhöchsten Bäumen,
besuchen dich in deinen Träumen.**

**2. Die Kerle stampfen mit Gebrumm
und drehen sich im Kreis herum.**

(sich stampfend im Kreis drehen, mit tiefer Stimme brummen)

Refrain: In einem dunklen Wald, da wohnen ...

**3. Der wildeste von allen gar
jagt eine große Kinderschar.**

(ein Kind jagt die anderen Teilnehmer durch den Raum)

Refrain: In einem dunklen Wald, da wohnen ...

**4. Nun legen sie sich müde nieder,
doch morgen Nacht kommen sie wieder.**

(sich auf den Boden legen und schnarchen)

Refrain: In einem dunklen Wald, da wohnen ...

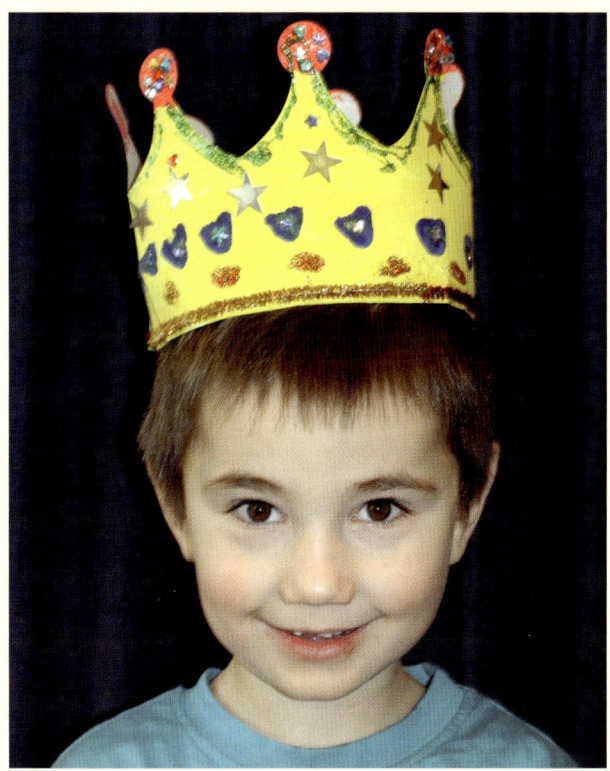

König Max

Weiterführende Aktion

Ein Kind spielt König Max, die anderen sind die wilden Kerle. König Max gibt Befehle, welche die wilden Kerle ausführen müssen: „Rennt durch den Wald und macht entsetzlichen Krach!", „Rollt ganz fürchterlich mit den Augen und schneidet schreckliche Grimassen!", „Zeigt mir eure gefletschten Zähne!", „Streckt euch hoch, bis ihr die Baumwipfel berührt!". Die Kinder führen alle Anweisungen aus, so gut sie können.

Sobald der König ruft: „Schluss jetzt!", bleiben die wilden Kerle bewegungslos stehen und verhalten sich ganz still. Danach erfolgt ein neues Kommando.

Im Anschluss daran können sie gemeinsam überlegen, welche Abenteuer Max mit den wilden Kerlen erlebt und die Geschichte nacherzählen. Wer erinnert sich noch an den Handlungsablauf?

Die wilden Kerle schlafen

PLAUDERTASCHEN UND ERZÄHLMÄUSE

DIE BREMER STADTMUSIKANTEN

Märchen sprechen die Gefühlswelt der Kinder an und eignen sich zur Darstellung kleiner Szenen sowie für Spiele mit Spielfiguren besonders gut.
Die szenische Umsetzung von Märchen hilft dabei, eine Geschichte nacherzählen und verarbeiten zu können.

Danach können diese Spielfiguren passend zum Märchen gestaltet und für weitere Spiele eingesetzt werden.

WIR BASTELN DIE BREMER STADTMUSIKANTEN

Pappe, Bleistift, dicke Buntstifte, ausgediente Socken, Klebstoff, Schere

Die Kinder zeichnen die Umrisse der Tierköpfe freihand auf die Pappe, schneiden diese aus und gestalten sie mit Farben je nach Tierart aus.

Damit die Figuren als Handpuppen benutzt werden können, wird von hinten eine ausgediente Socke festgeklebt, in die man die Hand hineinstecken und so die Spielfigur halten kann. Beim Aufkleben sollte man darauf achten, nicht versehentlich beide Sockenseiten festzukleben.

Eine Bühne entsteht schnell aus zwei Stühlen, über denen ein großes Tuch hängt.

Spielfiguren

Gleichzeitig ist es eine Möglichkeit für die Erzieherin einzuschätzen, ob alle die Geschichte verstanden haben und den richtigen Ablauf wiedergeben können.

Die Erzieherin liest das Märchen von den Bremer Stadtmusikanten vor und erklärt dabei schwierige Wörter oder Textstellen. Dabei betrachten die Kinder eventuell vorhandene Bilder oder Illustrationen.

Nun werden die Rollen verteilt, Wer spielt den Hahn, den Hund, die Katze, den Esel? Wer möchte die Räuber spielen, die mit großem Geschrei verjagt werden? Während die Geschichte nochmals langsam vorgelesen wird, setzen die Kinder ihre Rollen um.

Tipp

Kinder brauchen und lieben Märchen und wollen auch dasselbe Märchen immer wieder hören. Das Vorlesen, Erzählen und Aufgreifen von Märchen in vielen Spielsituationen sollte zum festen Ritual im Kindergartenalltag gehören.
Märchen fördern neben der Sprachfreude auch die Fantasie und Vorstellungskraft.
Im Alltag hören die Kinder überwiegend eine praktische, auf konkrete Handlungen oder Sachverhalte bezogene Sprache. In Märchen hingegen begegnen sie einem lebendigen und bildhaften Sprachstil mit sehr breit gefächertem Vokabular.

PLAUDERTASCHEN

Pro Teilnehmer jeweils ein kleiner Beutel oder eine Tasche mit Zugband, unterschiedliche Gegenstände wie zum Beispiel kleine Puppen, ein Spielzeugauto, ein Schlüssel, ein kleines Täschchen, ein Hund

Die verschiedenen Gegenstände werden im Beutel versteckt. Je nach Alter der Beteiligten kann die Anzahl der Gegenstände variieren, sodass sich einer oder mehrere Gegenstände darin befinden können.
Jedes Kind erhält einen Beutel, öffnet ihn, zieht einen Gegenstand heraus und beginnt mit der Erzählung.
Alle Gegenstände aus dem Beutel sollten dabei in die Geschichte mit eingebunden und gut sichtbar für alle aufgestellt oder gezeigt werden.

Wer kann mithilfe dieser Gegenstände danach noch einmal die Geschichte wiederholen? Wer hat sich den Ablauf gemerkt? Ziel ist es, anhand der vorgefundenen Gegenstände eine Geschichte mit einer sinnvollen Handlung zu entwickeln und zu erfinden.

Der Hund darf nicht mit

Beispielgeschichte

(Puppe und Auto werden aus dem Beutel gezogen.)
Meine Puppe Anna will heute in den Urlaub fahren.
(Schlüssel wird aus dem Beutel gezogen.)
Dazu braucht sie aber einen Schlüssel, sonst kann sie nicht losfahren.
(Tasche wird aus dem Beutel geholt.)
Ja, den Schlüssel hat sie schon in ihre Tasche gesteckt.
(Hundefigur wird herausgenommen.)
Der Hund darf leider nicht mit, er muss für eine Woche in die Hundepension.

Wie geht die Geschichte weiter?

Varianten
• die Kinder suchen sich selbst vor Beginn der Erzählung die Gegenstände aus und stecken sie in den Beutel
• viele verschiedene Gegenstände liegen im Stuhlkreis auf dem Boden verteilt und die jeweiligen Dinge werden, sobald sie in der Geschichte auftauchen, in den Beutel gesteckt, bis nichts mehr auf dem Boden liegt

Tipp
Unterstützen Sie den Verlauf, die Struktur und die Erzählhandlung mit gezielten Fragestellungen, Wiederholungen oder Ergänzungen. Dabei ist aber Fingerspitzengefühl gefragt, damit es die Geschichte der Kinder bleibt.
Schreiben Sie doch später diese Geschichte zusammen mit den Kindern auf, indem diese den Text diktieren, der danach noch einmal vorgelesen wird.
Durch das Festhalten und Wiedergeben von Ideen und fantasiereichen Geschichten erleben sie ganz spielerisch eine wichtige Funktion von Schrift.

ERZÄHLMÄUSE TREFFEN SICH

Erzählmäuse sind eine ganz besondere Mäusegattung. Sie sind nicht so ruhig wie ihre Artgenossen, die wir so kennen. Erzählmäuse sind ständig am Piepsen und Erzählen und deshalb treffen sie sich einmal im Jahr im Frühling zu einem großen Erzählfest. Leider können sie sich nicht öfter treffen, da einige Mäuse in der Stadt wohnen und andere wieder weiter entfernt auf dem Land ihr Zuhause haben. Manche leben in einem Stadthaus im Keller, andere in einer feudalen Villa in der Speisekammer. Manche Mäuse leben auf dem Acker, eine Erzählmaus hat sich sogar unter einem großen Baum eine Wohnung eingerichtet. Wenn sich alle treffen, gibt es natürlich sehr viel zu erzählen. Die Mäuse reden dann wild durcheinander: „Wie ist es euch dieses Jahr ergangen? Hattet ihr Probleme mit Katzen? War es ein harter Winter für euch? Wie sieht denn eure Wohnung aus? Wer lebt noch darin?"

Was erzählen sich die Mäuse wohl so alles? Die Kinder überlegen, was die Mäuse im vergangenen Jahr erlebt haben könnten.

Damit wir die Szene mit den Erzählmäusen nachspielen und weitere Geschichten erfinden können, basteln wir einige dieser redseligen Tiere.

WIR BASTELN ERZÄHLMÄUSE

Grauer Tonkarton (DIN A4), gelbe, rosarote und schwarze Tonpapierreste, Buntstifte, Wollreste, Schere, Klebstoff

Der Tonkarton wird einmal gefaltet, sodass eine Klappkarte entsteht. Aus einem Tonkarton- und einem Tonpapierkreis, die zusammengeklebt werden, entsteht je ein Ohr. Danach die gefaltete Karte am Falz auf beiden Seiten etwas einschneiden, damit rechts und links

Schon gewusst? *Es gibt weltweit über 40 verschiedene Arten von Mäusen. Die meisten Mäuse leben in Gruppen oder Familienverbänden. Verschiedene Gattungen legen sogar Gemeinschaftsnester an und ziehen ihre Jungen zusammen auf.*

etwa 2 cm lange Schlitze entstehen, in welche die Ohren gesteckt und mit etwas Klebstoff fixiert werden können. Der Mäuseschwanz wird aus fester Wolle gefertigt, die seitlich in das gefaltete Rechteck geklebt wird. Nun einen kleinen, rosaroten Kreis als Nase aufkleben. Zum Schluss werden Barthaare, Augen und Mund aufgemalt.

Die Erzieherin ermuntert die Kinder, ihren Erzählmäusen Namen zu geben, der mit ihrer Hilfe auf die fertig gestaltete Maus geschrieben wird. Nun spielen alle mit ihren Mäusen und erfinden eigene Geschichten, die später in die Klappkarte geschrieben werden können.

Danach können die Kinder eine Collage mit den Mäusen auf dem Fest aufkleben, die sich alle um ein großes Stück Käse scharen. Dieses Bild dient dann sicher für weitere Erzählungen! Das Bild darf auch beschriftet werden, zum Beispiel: Erzählmaus Hans wohnt unter dem Baum.

Die Mäuse erzählen sich was

ERZÄHLMAUSGEDICHT

**Es trifft sich eine Mäuseschar
zu ihrem Fest, wie jedes Jahr.
Ob jung, ob alt, ob groß, ob klein,
sie sitzen hier im Mondenschein.
Erzählen sich dabei Geschichten,
von vielem können sie berichten.
Gespannt hör'n dabei alle zu,
erst früh am Morgen ist dann Ruh.**

ERZÄHLHAUS

*Braune Versandtasche (DIN A4), Tonkarton in unterschied-
lichen Farben, Buntstifte, bunte Holzspatel, Watte oder
weiße Märchenwolle, Schere, Klebstoff*

Von der offenen Seite der Versandtasche die Ver-
schlusslasche abschneiden. Nun Fenster und Türen
auf die Vorderseite des Umschlags malen und diese
Öffnungen vorsichtig ausschneiden, ohne dabei die
Rückseite der Versandtasche zu beschädigen. Bei
diesem Arbeitsschritt ist es hilfreich, ein Stück Pappe
dazwischenzuschieben.

Als Dach wird ein Dreieck aus rotem Tonkarton ausgeschnitten und aufgeklebt. Überstehendes, braunes
Papier kann rechts und links abgeschnitten werden. Ein
kleines Rechteck von hinten angeklebt und mit etwas
Watte versehen, stellt den Kamin mit Rauchwolke dar.

Die Kinder zeichnen Figuren ihrer Wahl auf buntes
Tonpapier, schneiden diese aus und bemalen sie mit
Buntstiften. Dabei sollten sie die Größe ihrer Figuren
so wählen, dass sie zu den Ausschnitten im Umschlag
passen und später gut sichtbar sind.

Die fertig gestalteten Figuren auf bunte Holzspatel kleben, die als Führungsstäbe dienen. Zum Schluss kann
ein Erwachsener dabei behilflich sein, die einzelnen
Namen auf das Haus zu schreiben. Welche Hausnummer bekommt das Erzählhaus? Soll auch der Straßen-
name dazugeschrieben werden?

Nun kann mit dem Erzählhaus gespielt werden. Jedes
Kind stellt im Anschluss daran sein Briefumschlaghaus
vor und erzählt etwas dazu.

Gesprächsimpulse
• Wer kennt die Hausnummer und den Straßennamen
des Kindergartens, der Schule oder von zu Hause?
• Wer wohnt noch mit im Haus? Wohnen da auch
Haustiere?
• Wo ist euer Zimmer? Wie ist es eingerichtet?
• In welchen Räumen haltet ihr euch gerne auf?

Wir basteln ein Erzählhaus

Tipp
Die Kinder können in der näheren Umgebung nach
Straßenschildern und Hausnummern Ausschau hal-
ten. Dabei erkennen sie, dass man fast überall Zei-
chen und Ziffern entdecken kann, wenn man die
Augen offenhält.

2. HÖREN, SPRECHEN, SPIELEN, LERNEN

Spiele mit Lauten, Silben, Buchstaben und Wörtern unterstützen das Kind auf dem Weg zur Schriftsprache. Konzentriertes Zuhören und Lauschen, die Fähigkeit, Unterschiede und Ähnlichkeiten zu erkennen, Wörter in Silben zu zerlegen, einzelne Laute eines Wortes zu unterscheiden – also die Förderung phonologischer Fertigkeiten insgesamt – sind Grundkompetenzen, die für den Erwerb der späteren Schriftsprache eine zentrale Bedeutung haben. Gedichte, Reime, Rätsel und Zungenbrecher fördern den lebendigen Umgang mit Sprache. Die Kinder lernen, Gehörtes zu speichern, wiederzugeben und eigenständige Wortkreationen zu erfinden.

LAUSCH- UND BUCHSTABENSPIELE

WER SPRICHT?

Die Kinder sitzen im Kreis und schließen die Augen. Die Erzieherin schleicht ganz leise zu einem Kind und tippt es an. Dieses Kind flüstert seinen eigenen Namen. Konnten alle den Namen verstehen? Wissen sie, wer gerade gesprochen hat?

Schwieriger wird es, wenn die Kinder im Raum weiter voneinander entfernt sitzen und Wörter oder sogar ganze Sätze flüstern! Wer konnte verstehen, wer gesprochen hat und was gesagt wurde?

BUCHSTABENGESCHENK

Buchstabenkärtchen

Die Kinder sitzen im Stuhlkreis und die Erzieherin verteilt Kärtchen mit aufgeklebten oder aufgeschriebenen Buchstaben.

Die einzelnen Buchstaben sollten wiederholt benannt werden oder gut bekannt sein. Die Erzieherin gibt einem Kind beispielsweise ein Kärtchen mit dem Buchstaben „U" und sagt: „Ich schenke dir ein ‚U'. Was hättest du gerne mit ‚U'?"
Das Kind antwortet mit einem Begriff, der mit diesem Buchstaben beginnt. „Ich hätte gern eine Uhr."

Das Kind gibt nun wiederum seine Buchstabenkarte an ein anderes Kind weiter und auch dieses darf sich etwas mit diesem Anlaut wünschen. Fallen der Gruppe keine weiteren Geschenkwünsche mit diesem Buchstaben ein, wird eine neue Buchstabenkarte ausgeteilt.

Bei diesem Spiel werden manchmal sehr seltsame und auch lustige Geschenke weitergegeben, wie z. B. Rolltreppen, Monster und Hundefutter.

Wer konnte sich die Geschenke zu den einzelnen Buchstabenkärtchen merken?

Ich hätte gerne einen Ohrwurm

GESPENSTERGESCHICHTE

Die Erzieherin liest die folgende kleine Geschichte vor. Immer wenn der Anlaut „G" genannt wird, stampfen die Kinder mit den Füßen auf den Boden oder klatschen in die Hände.

Beispielgeschichte

Gerti, das Gespenst
In einer großen, alten Schlossruine nahe der Stadt lebt Gerti, das Schlossgespenst. Nur ganz selten kommt dort noch jemand vorbei, um das verfallene Schloss zu besichtigen. Aus diesem Grund ist es dem kleinen Gespenst auch ziemlich langweilig. Denn was nützt es Gerti, dass sie mit Ketten an Gitterstäben rasselt oder schaurig heulend durch die dicken Gemäuer schwebt, wenn niemand da ist, den sie damit erschrecken kann? So sitzt sie während der Geisterstunde meist nur auf dem Geländer der Schlossmauer.
„Wieso sitzt du denn mit traurigem Gesicht herum?", fragt plötzlich eine Jungenstimme.
Das Gespenst dreht sich erschrocken um.
„Was schleichst du dich so leise an! Ich wäre vor Schreck beinahe vom Geländer gefallen! Und überhaupt, wer bist du eigentlich?", will die empörte Gerti wissen.
„Ich heiße Gabriel und wollte das furchterregende Schlossgespenst sehen. Mein Onkel Gunnar hat gesagt, dass er vor einigen Jahren hier am Schloss ein gefährliches Gespenst gesehen hat!", antwortet der Junge. „Aber da hat er wohl etwas übertrieben! Ich finde dich gar nicht so furchterregend! Ich glaube, du bist ganz nett!"
„Ist das wahr?", fragt das kleine Gespenst. „Dann lass uns doch gemeinsam spielen!"
„Au ja! Das wäre genial!", ruft Gabriel begeistert.
Dann ziehen beide kettenrasselnd und mit schaurigem Geheule durch die Schlossruine.
„Du machst das ja noch gruseliger als ich!", lobt Gerti.
„Das kann schon sein! Nur das Schweben durch die Wände klappt dabei noch nicht!", lacht Gabriel.
„Es hat mir riesigen Spaß gemacht, mit dir herumzugeistern!", freut sich Gerti bei der Verabschiedung.
„Ja, mir auch!", sagt Gabriel begeistert.
Und am Ende vereinbaren beide, dass sie sich garantiert bald wieder zu einer Geisterstunde treffen wollen.

ES SPUKT UND RASSELT IN DER NACHT

Festes Zeichenpapier, weißer, feiner Stoff (Gardinenreste, Seidenreste) oder Papiertaschentücher, Wattekugel Ø 4–6 mm, blaue und schwarze Deckfarbe, schwarzer Stift, Pinsel, Wasserglas, Klebstoff

Zuerst malen die Kinder mit Deckfarbe einen dunklen Hintergrund für die Nacht auf das Zeichenpapier. Während das Papier trocknet, schneiden sie ein Rechteck aus dem weißen Stoff.

Die Wattekugel wird an einem Ende des Stoffrechtecks eingewickelt und mit Klebstoff rundum fixiert. Danach legen die Kinder das Gebilde auf das getrocknete Zeichenpapier und kleben zuerst den Kopf fest. Nun wird der Stoff so zurechtgezogen, geschoben und in Falten gelegt, bis das kleine Gespenst lebendig wirkt.

Mit genügend Klebstoff wird das Gespenst nun in dieser Position fixiert. Mit einem schwarzen Stift werden Augen, Nase und Mund auf die Kopfkugel gemalt – und schon kann das Gespenst herumgeistern.

Gesprächsimpulse
• Gibt es Gespenster wirklich?
• Wer erfindet eine eigene schaurige Geschichte?
• Habt ihr manchmal Angst in der Nacht?

ICH BIN DER CHEF!

Ein Kind, z. B. Jan, wird zum Chef ernannt und darf die Bewegungen der anderen bestimmen. Die Mitspieler stehen hierzu im Raum verteilt. Der Chef platziert sich vor der Gruppe und ordnet unterschiedliche Bewegungen an. Der Auftrag beginnt dabei immer mit „Jan sagt", z. B. „Jan sagt, ihr sollt die Hände weit nach oben strecken".

Lässt der Chef aber den Anfang „Jan sagt" weg und gibt nur eine Anweisung, darf diese nicht ausgeführt werden. Wer der Aufforderung trotzdem Folge leistet, scheidet aus. Deshalb ist genaues Hinhören wichtig. Werden die Anweisungen dabei immer schneller gegeben, müssen alle sehr konzentriert zuhören.

Wir tun, was der Chef sagt

BUSFAHRT DURCH DAS BUCHSTABENLAND

Buchstabenkarten mit den Anfangsbuchstaben der Kindernamen

Die Buchstabenkarten liegen überall im Raum verteilt. Die Kinder symbolisieren einen Bus, indem sie sich hintereinander aufstellen und die Hände an die Schultern des Vordermanns legen. Während der Busfahrt durch den Raum wird ein kleiner Reim gesprochen.

Wir fahren mit dem Bus kreuz und quer durchs Land.
Hier liegt das große „A" („B" ...),
wer hätte es erkannt?
Wir fahren froh und heiter mit viel PS nun weiter!

Der Bus fährt kreuz und quer durch den Raum, die Buchstabenkarten dienen als Haltestellen. Je nachdem, welcher Buchstabe bei der nächsten Haltestelle liegt, wird der Text „Hier liegt das große ..." angepasst. Bei „Wer hätte es erkannt?" hält der Bus an und die Kinder, deren Namen mit diesem Anfangsbuchstaben beginnen, steigen aus. Danach setzt sich der Bus mit den Worten „Wir fahren froh" wieder in Bewegung.

Der Bus hält an

Varianten

• passend zu den Buchstaben bekommen die Kinder verschiedene Bildkarten (Anlautkarten, z. B. für „A" die Abbildung eines Apfels), die sie an den passenden Haltestellen ablegen
• die Kinder werden an den Haltestellen abgeholt; als Fahrkarten dienen entsprechende Anlautkarten, die vor dem Einsteigen benannt werden
• die Mitfahrerlaubnis wird erst erteilt, wenn ein Wort mit dem entsprechenden Anlaut gefunden wird
• ältere Kinder können versuchen, einen ganzen Satz zu erfinden, bei dem möglichst viele Wörter mit diesem Buchstaben beginnen, z. B. Hanna holt heiße Himbeeren hinter Holgers Haus hervor

DER SANDKASTEN ALS TAFEL

Sandkasten, Stöckchen, evtl. Buchstaben-Sandförmchen

Die Erzieherin malt mit einem Stöckchen ein großes Rechteck in den Sand, das in gleich große Felder eingeteilt wird. In diese Felder werden bekannte Buchstaben mit einem Stöckchen geschrieben oder mit den Buchstaben-Sandförmchen hineingedrückt.

Jedes Kind wirft nun einen kleinen Kieselstein in ein Feld und benennt den getroffenen Buchstaben. Wer kennt dazu passende Namen oder andere Begriffe mit diesem Anlaut? Wer findet Wörter zu vorher abgesprochenen Oberbegriffen, z. B. Spielzeug, Tiere, Nahrung?

Wird der Sand geglättet, können sehr schnell neue Buchstaben ausgewählt und neue Wörter und Begriffe gesucht werden. Schwieriger wird das Spiel, wenn Wörter mit Konsonantenverbindungen gesucht werden.

Bl: Blech, Block, Blume
Kn: Knopf, Knie, Knabe
Fr: Frosch, Frechdachs, Frankreich
Schn: Schnupfen, Schnorchel, Schnecke
Schw: Schwein, Schwalbe, Schwur
Dr: Druck, Draht, Dreieck
Fl: Flunder, Flamme, Fleck
Kl: Klecks, Klammer, Klima
Pr: Praline, Predigt, Prinz
Pl: Platz, Plombe, Plus
Tr: Träne, Trog, Trick

Varianten

• den ganzen Namen in den Sand schreiben
• herausfinden, welche Namen mit dem gleichen Buchstaben beginnen oder enden
• Buchstaben mit Steinchen oder Stöckchen nachlegen

Der Kieselstein liegt beim „A"

SCHATZSUCHER

Der Sandkasten bietet neben dem freien Spielen und Buddeln zahlreiche Möglichkeiten für spontane und zielgerichtete Buchstaben- und Sprachspiele, die sich schnell und unkompliziert umsetzen lassen.

Sandkasten, lufttrocknende Modelliermasse, Schaufel, Stöckchen oder Kieselsteine

Die Kinder formen zunächst Buchstaben aus der lufttrocknenden Modelliermasse und legen sie zum Trocknen beiseite. Sobald die Buchstaben komplett trocken sind, können sie als Spielmaterial zum Einsatz kommen.

Einige Buchstaben werden in den Sandkasten gelegt und mithilfe der Schaufel mit etwas Sand bedeckt, aber nicht allzu tief vergraben.
Nun gehen die kleinen Schatzsucher ans Werk und schauen nach, was im Sand verborgen ist.

Jüngere Kinder bekommen die Aufgabe, den gefundenen Buchstaben richtig herum auf den Boden zu legen. Etwas ältere Kinder versuchen, den Buchstaben zu benennen und die Kinder, die dies können, überlegen sich einen Gegenstand mit diesem Anlaut, den sie aus dem Sand ausgegraben haben, z. B. ein Kind buddelt ein „D" aus und ruft: „Ich habe einen Dinosaurier ausgegraben."

Buchstaben mit Steinen nachlegen

SPRACHE MACHT SPASS

BUCHSTABENRÄTSEL

BLANKI-Spielkarten, Stifte, eventuell selbstklebende Buchstaben aus Filz

Auf die Vorderseite der Spielkarte wird der Buchstabe geschrieben oder mit selbstklebenden Filz-Buchstaben aufgeklebt. Auf der Kartenrückseite ist Platz für ein Rätsel. Die Kinder ziehen abwechselnd eine Karte. Gemeinsam wird der gezogene Buchstabe benannt und mit den Fingern nachgespurt.

Die Erzieherin liest das Rätsel vor und kann, wenn nötig, Hilfestellung geben. Gemeinsam überlegen die Kinder weitere Rätsel zu den einzelnen Buchstaben.

Ich suche ein Tier mit „A", das gerne Bananen isst und auf Bäume klettert.
(Affe)

Ich suche ein Ding mit „B", in dem du blättern und lesen kannst.
(Buch)

Ich suche eine Person mit „C", die gerne Späße macht und eine rote Nase hat.
(Clown)

Ich suche ein Ding mit „D", das ganz oben auf dem Haus zu finden ist.
(Dach)

Ich suche ein Tier mit „E", das sehr groß und schwer ist und einen langen Rüssel hat.
(Elefant)

Ich suche ein Ding mit „F", das oft im Wohnzimmer steht und in dem spannende Sendungen angeschaut werden können.
(Fernseher)

Ich suche eine ältere, männliche Person mit „G", die man auch Opa nennt.
(Großvater)

Ich suche ein Kleidungsstück mit „H", in das man mit den Beinen hineinschlüpft.
(Hose)

Ich suche ein Tier mit „I", das am ganzen Körper Stacheln hat.
(Igel)

Varianten

• konkrete Gegenstände suchen, die im Stuhlkreis liegen, z. B. „Ich suche etwas, das mit ,Z' beginnt und viele Nachrichten und Informationen enthält." (Zeitung)
• Endlaute suchen, z. B. „Ich suche einen Gegenstand, der mit ,t' endet!" (Stift)
• Buchstabenkarte und Gegenstand zuordnen

Tipp

Sollten im Gruppenraum eine Anlauttabelle oder ein selbst gebasteltes ABC aushängen, können diese Buchstaben auch dort gesucht und mit den Buchstabenkarten verglichen werden.

Ich ziehe einen Buchstaben

KI-KA-KAKADU

Bücher über Papageien, Lexika, Tierbücher, in denen Kakadus zu finden sind, Bilder von Papageien und Kakadus

Die Kinder sitzen im Stuhlkreis und die Erzieherin zeigt ihnen Bilder über Papageien, insbesondere von Kakadus. Sie berichtet ihnen vom Lebensraum, der Lebensweise, Ernährung sowie vom Verhalten der Tiere und beantwortet Fragen dazu. Deshalb sollte die Erzieherin sich vorher selbst einige Informationen angeeignet haben. Schön ist es auch, wenn man sich zusammen mit den Kindern mithilfe von Büchern über diese faszinierenden Vögel informiert. Dabei lernen sie, dass Bücher Wissen bereithalten und Informationen nachgeschlagen werden können.

Das Aussehen der Tiere wird gemeinsam besprochen und die Bilder intensiv angeschaut. Danach kann folgendes Klatschspiel umgesetzt werden:

Ki-Ka-Kakadu
macht den Schnabel auf und zu!
Peter / Felix, sag, was dir gefällt
in seiner schönen Vogelwelt!

Die Kinder klatschen die Silben mit. Im Anschluss an den Reim sagt das angesprochene Kind, was ihm an diesem Kakadu gut gefällt, z. B. „Mir gefällt der krumme Schnabel, das Federkleid, der lustige Name, die Federhaube."

So werden während des Klatschspiels nach und nach die Meinungen der Kinder erfragt. Wer möchte, kann, während er die Antwort nennt, auch im Lexikon oder im Tiersachbuch auf den entsprechenden Körperteil deuten. Wer den Reim auswendig kann, spricht ihn mit.

Tipp
Wie wäre es, diese lustigen Namen zu klatschen?
Ra-ben-ka-ka-du, Na-sen-ka-ka-du, ...
Wer erfindet eigene Fantasienamen dazu?
Wenn die Kinder diese malen, entstehen allein durch die witzigen Namen garantiert fantasievolle Bilder.

Es gibt über 20 verschiedene Arten von Kakadus, die alle zur Gattung der Papageien gehören. Besonders lustig für Kinder sind die unterschiedlichen Namen der Vögel, die zu vielen Wortkreationen und Sprachspielen animieren. Da gibt es zum Beispiel Nasenkakadus, Brillenkakadus, Wühlkakadus, Rabenkakadus, Palmkakadus, Helmkakadus, Gelbhaubenkakadus oder Rosakakadus.

BEI FAMILIE PAPAGEI

Der große, rot gefiederte Papagei sitzt auf seiner Vogelstange und schaukelt gemütlich hin und her. Ab und an krächzt er wohlig und döst ein wenig vor sich hin. Mamagei steht derweil vor dem Spiegel und poliert ihren hübschen Schnabel, bis er in der Sonne funkelt. Im Hintergrund hört sie die beiden Kinder Brudergei und Schwestergei lauthals krächzen. Sie streiten sich schon seit einer ganzen Weile darum, wer von ihnen die schöneren Schwanzfedern hat.
Der Streit wird von Minute zu Minute schlimmer und schließlich zwickt Schwestergei ihren Bruder wütend in den Po.
„Autsch", ruft dieser empört und reibt sein Hinterteil. Dabei löst sich eine seiner langen Schwanzfedern. Brudergei stimmt sofort ein ohrenbetäubendes Geheule an und kann sich gar nicht mehr beruhigen. Schwestergei will sich bei ihrem Bruder entschuldigen, doch dieser stößt sie zur Seite und saust jammernd und zeternd zu Omagei, die von dem Lärm aus ihrem Mittagsschlaf aufgeschreckt ist und herbeieilt.
Omagei nimmt ihren Enkel tröstend in die Flügel. Sanft streichelt sie über seinen gefiederten Kopf und sagt:

Gesprächsimpulse
• Wie könnte Omagei ihren Enkel trösten?
• Vertragen sich die Geschwister anschließend wieder?
• Erzähle die Geschichte weiter. Welche Familienmitglieder tauchen noch auf? Kommen auch noch ein Opa, ein Onkel, eine Tante, eine Cousine usw. vor?

MUFFELCHEN-ZAHLENFINGERSPIEL

Fingerspiele eignen sich wunderbar dazu, um dem Kind Freude an Sprache zu vermitteln. Die Förderung der Handmotorik steht in enger Verbindung mit den Sprachfähigkeiten des Kindes. Texte und Inhalte werden schneller verstanden und umgesetzt, wenn Sprache und Bewegung zusammenkommen.

**Muffelchen, das Affenkind,
zählt mit den Fingern ganz geschwind
Kokosnüsse auf dem Baum.
Und so schnell, man glaubt es kaum!**
(mit allen Fingern mitwackeln)

**1, 2, 3, 4 und noch mehr,
5, 6, 7 – bitte sehr,
8 und 9, ich glaub es nicht,
10 Nüsse hängen hier ganz dicht!**
(entsprechend mit den Fingern mitzählen)

Gesprächsimpulse

• Wie weit kannst du schon zählen?
• Kannst du mit den Fingern zeigen, wie alt du bist?
• Wer kann die Zahlenreihe von 1 bis 10 aufsagen?
• Kannst du schon einige Zahlen schreiben?
• Wie viele Bilder hängen an der Wand?

WUNDERTÜTE

Tüte oder Schachtel mit zuvor aufgeschriebenen oder gesammelten kurzen Spielen, z. B. Fingerspiele, Reime, Gedichte, kleine Lieder, Zaubersprüche, Wort- und Silbenspiele, Zungenbrecher, Witze, freche Verse

Diese Tüte oder Schachtel, immer gut sortiert mit den unterschiedlichsten Sprachspielen, kann sehr schnell zum Einsatz kommen.

Die Kinder sitzen bei der Erzieherin und ziehen reihum einen Zettel, der dann vorgelesen wird. Das gezogene Spiel wird danach gemeinsam ausgeführt. Entstehen dabei eigene Ideen, können diese auch aufgeschrieben und mitgesammelt werden.

Wir zeigen die Zahl 5

Klatschspiel

1, 2, 3 und 4 –
Anna, komm und tanz mit mir!
(Ein Kind steht in der Mitte des Stuhlkreises und fordert Anna zum Tanz auf. Die anderen Kinder klatschen im Takt.)
Wir drehen uns im Kreise
und tippeln dabei leise.
(Anna kommt in die Mitte und die beiden drehen sich. Die anderen Kinder tippeln leise auf dem Boden mit.)
1, 2, 3 und 4 –
Anna, das war schön mit dir!
(Das Kind geht zurück auf seinen Platz.)

Anna darf sich nun den nächsten Tanzpartner aussuchen, auf diese Weise wechseln sich die Kinder nach und nach ab.

Reime

Glücklich steckt der Elefant
seinen Rüssel in den Sand.

Sebastian, der Kormoran,
nimmt immer gerne Lebertran.

Balduin, der Dackeljunge,
schleckt alle ab mit seiner Zunge.

Kater Zausel putzt sich schnell
sein zerzaustes Katzenfell.

Affe Mobbel liebt Banane
mit einem Riesenlöffel Sahne.

Julius, das Dromedar,
schlendert über den Basar.

Fabian, der Papagei,
verzehrt sehr gern ein Spiegelei.

Zungenbrecher

Frosch Quacko quakt in Quebec gequirlten Quatsch.
Rabe Robert reibt rote Rüben. Rote Rüben reibt Rabe Robert.
Der Gockel Gurgel gurgelt Gundulas Gurgelwasser.
Tante Toni tanzt tolle Tänze. Tolle Tänze tanzt Tante Toni.

Reime ergänzen

Wasser füllt man in die Wanne,
im Wald steht eine große ...
(Tanne)
Auf dem Feld, da sitzt ein Hase
und kratzt sich an seiner ...
(Nase)
Gefährlich faucht die kleine Katze,
schlägt nach dem Hund mit ihrer ...
(Tatze)
Das Essen steht schon auf dem Tisch,
es gibt Gemüse, Reis und ...
(Fisch)
Der Bauer rennt zu seinem Stall,
als er hört den lauten ...
(Knall)
Der Imker steht im Bienenschwarm,
hat tausend Bienen auf dem ...
(Arm)
Es juckt das Ohr der kleinen Maus,
denn dort sitzt eine dicke ...
(Laus)

Abzählreime

Mopolo, Dopolo
1, 2, 3.
Lass ganz schnell Milena frei!

Automobil,
fahr nicht so viel!
Benzin ist knapp
und du bist ab!

Tipp

Damit es für die Kinder spannend bleibt, sollte diese Sammlung immer wieder ergänzt und aktualisiert werden. Auf diese Weise ist es auch für die Erwachsenen leichter, neue Spiele einzuführen, weil die Texte und Anleitungen nicht sofort auswendig gelernt werden müssen.

3. DIE WELT DER ZEICHEN UND SYMBOLE

In einer schreib- und lesemotivierenden Umgebung können Kinder mit viel Spaß auch mit der Schriftsprache experimentieren. Regen Sie die Kinder auch während der Rollenspiele zum Umgang mit Schrift an, zum Beispiel können im Kaufladen Einkaufzettel geschrieben, Preisschilder angebracht und Einkaufslisten hergestellt werden. Beim Postspiel können Formulare ausgefüllt, Briefe geschrieben, verschickt und Briefmarken abgestempelt werden.

Die Kinder lernen dabei sehr schnell, Schrift, Symbole und Piktogramme als Bedeutungsträger zu erkennen. Mit viel Geduld schreiben und malen sie einfache Wörter, Buchstaben oder Symbole ab und können diese auch schon bald selbstständig entziffern.

OHNE WORTE

SYMBOLE UND ZEICHEN IN DER UMGEBUNG

Pappkärtchen mit bekannten Symbolen und Piktogrammen, z. B. Verkehrsschilder, Post, Polizei, Taxi, Warnsymbol „Giftig", Messer und Gabel für Restaurant, Krankenhaus, WC, Apotheke, Eis-Schild

Diese Symbole werden in der Mitte des Stuhlkreises ausgelegt und gemeinsam besprochen. Wer kennt diese Zeichen? Was bedeuten sie? Was sagen uns diese Zeichen ohne Worte? Wer kennt noch weitere Symbole und Piktogramme? Wo habt ihr sie entdeckt? Im Anschluss daran können diese Zeichen und Symbole in Zeitschriften sowie Werbematerialien gesucht und abgemalt werden.

Schon gewusst? *Bilderschriften bilden die ältesten Schriftsysteme der Menschheit. Bereits vor über 5 000 Jahren entwickelten die Ägypter eine Bilderschrift, die „Hieroglyphen". Es bedeutet so viel wie „heilige Schriftzeichen", die vorwiegend in Tempeln oder Grabstätten gefunden wurden. In der ägyptischen Mythologie erscheint Gott Thot als Schöpfer von Sprache und Schrift, der „Schreiber der Götter".*

Vertiefung
- Bilderschriften alter Kulturen vorstellen
- Schriftzeichen aus anderen Kulturen miteinbeziehen
- eigene Logos und Zeichen erfinden
- Geheimschriften ausprobieren

Tipp

Kinder zeigen großes Interesse an ihrem Lebensumfeld und sind im Alltag überall von Zeichen, Symbolen und Schrift umgeben. Greifen Sie dieses Interesse auf, indem Sie die Gruppe auf Schilder, Tafeln, Schriftzüge oder Logos aufmerksam machen. Je mehr die Aufmerksamkeit darauf gelenkt wird, umso eher verstehen sie, dass das Lesen und Schreiben zur Informationsbeschaffung oder zur Informationsweitergabe gebraucht wird. Wer sich mit Kindern auf Zeichenjagd begibt, wird erstaunt sein, was diese schon alles „lesen" können und wie viele Zeichen für sie von Bedeutung sind.

Diese Zeichen kenne ich

SYMBOL-LANDSCHAFT

Festes Zeichenpapier (DIN A4), Buntpapier, bedrucktes Altpapier (ausgediente Zeitschriften, Werbeblätter, Kataloge, Broschüren, Zeitungen, Straßenkarten, Stadtpläne, Notenblätter), Buntstifte, Schere, Klebstoff

Eine wahre Fundgrube kann bedrucktes Altpapier für die Herstellung von Collagen sein. Die Kinder suchen einzelne Buchstaben, Logos, Piktogramme, Symbole und Zeichen, die für eine Collage weiterverarbeitet werden. Auf diese Weise lernen sie gedruckte Buchstaben in verschiedenen Schriftarten kennen und sicher werden sich bei der Arbeit Fragen zu den einzelnen Zeichen ergeben. Wofür stehen diese Symbole? Was sagen sie uns auch ohne Worte? Wo finden wir diese Zeichen?

Die ausgesuchten Einzelteile werden ausgeschnitten, auf dem weißen Papier angeordnet und festgeklebt. Wer mag, ergänzt seine Collage noch mit eigenen Zeichnungen und Malereien. Nachdem die Collagen aufgehängt sind, werden sie nun zusammen betrachtet, verglichen und erklärt.

Varianten
• Zeichen für die Gruppe erfinden
• Indianerschriften betrachten
• eine Fährtensuche gestalten
• eigene Zeichen oder eine Geheimschrift erfinden

Eine Symbol-Landschaft entsteht

BLINDENSCHRIFT KENNENLERNEN

Während der Beschäftigung mit Zeichen als Stellvertreter für die Sprache kann auch die „Brailleschrift", also die Blindenschrift, angesprochen werden.

Diese geniale Blindenschrift, auch unter „Braille-System" bekannt, wurde von Louis Braille (1809–1852) aus Frankreich erfunden und hat bis heute internationale Gültigkeit. Die Punkte sind dabei in einer bestimmten Kombination so angeordnet, dass sie genau unter die Fingerkuppen passen und durch Abtasten gespürt und gelesen werden können. Jede Punktkombination ist einem Buchstaben zugeordnet.

Louis Braille erblindete selbst sehr früh in seiner Kindheit und wurde später Lehrer blinder Schüler.

Nutzen Sie auch die Gelegenheit, über Behinderungen im Allgemeinen zu sprechen, welche Möglichkeiten und Einschränkungen dieses Leben bedeuten kann, damit die Kinder eine aufgeschlossene, tolerante Haltung entwickeln können.

Erklären Sie den Kindern, dass es besondere Alphabete für Menschen gibt, die nicht sehen können. Das Prinzip der „lesenden Hände" kann durch das Betasten eines Punktschriftbuches gut erfasst werden. Bei der Blindenschrift stehen erhabene Punkte in bestimmten Punktgruppen und Anordnungen stellvertretend für die einzelnen Buchstaben. Früher wurden diese Bücher sehr zeitaufwendig mit dafür vorgesehenen Schreibmaschinen hergestellt, heute können diese Punktgruppen viel schneller mit Maschinen eingestanzt werden. Trotzdem sind diese Bücher nach wie vor sehr viel umfangreicher durch die reliefartigen Punkte. So kann die Bibel zum Beispiel, in Punktschrift hergestellt, ein ganzes Bücherregal füllen.

BLINDENSCHRIFT SELBST GESTALTEN

Punktschriftbücher, am besten mit passenden Abbildungen, ABC in Brailleschrift (Bücher dieser Art können in Büchereien ausgeliehen werden, siehe auch Seite 36), Buchstabenkarten, eventuell Tonkartonkarten (DIN A3), Stricknadeln, Zeitungspapier oder Filz als Unterlage, Bleistift

Wenn die Kinder mit geschlossenen Augen Buchstabenkarten mit gedruckten Buchstaben abtasten und dann im Vergleich dazu die Brailleschrift spüren, erfahren sie, dass so auch blinde Menschen Zugang zu Literatur haben, ja selbst Bilderbücher anschauen können, da es diese in der Blindenschrift auch mit entsprechenden Bildern zum Ertasten gibt.

Diese Karten kann man leicht in der Gruppe herstellen, indem zum Beispiel mit einer Stricknadel Punkte in Tonkarton hineingedrückt werden. Dabei sollte der Karton auf einer Lage Zeitungspapier oder einer Filzunterlage liegen, damit sich die Punkte auf der Rückseite des Kartons gut durchdrücken. Wird die entsprechend ausgewählte Punktkombination zuvor angezeichnet, lässt sich das Punktebild leichter umsetzen. Hierbei sollte aber beachtet werden, dass diese Punkte auf der Rückseite spiegelverkehrt erscheinen, dementsprechend müssen sie angeordnet werden. Vergleichen Sie mit den Kindern den lateinischen Buchstaben mit dem Buchstaben in Brailleschrift. Wer möchte, kann seinen Namen auch in Brailleschrift gestalten.

Varianten
• das Bliss-System kennenlernen
• Musiknoten untersuchen, die überall auf der ganzen Welt umgesetzt werden können
• Gebärdensprache oder Fingeralphabet erforschen und nachahmen (siehe auch Seite 36)

Tipp

Betrachten Sie mit den Kindern einige Bliss-Symbole. Das sind einfache, sehr anschauliche grafische Zeichen, die von Charles K. Bliss (1897–1985) entwickelt wurden. Da dabei jedes Symbol für einen bestimmten Begriff steht, kann dieses Schriftsystem zur Darstellung von Sätzen genutzt werden. Damit sind Kinder, die nicht über die Lautsprache kommunizieren können, in der Lage, sich zu verständigen und mitzuteilen.

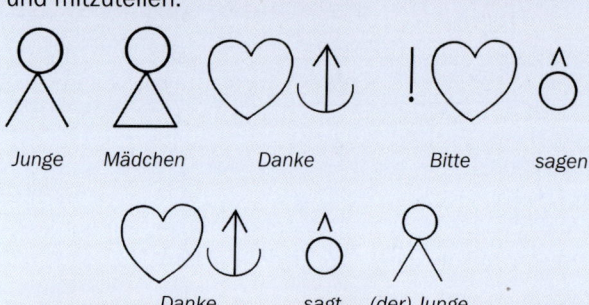

Junge   Mädchen   Danke   Bitte   sagen

Danke   sagt   (der) Junge

Wir erfühlen die Punktschrift

ERSTES ERKENNEN UND BENENNEN

WIR GESTALTEN DAS ABC

Weißer Tonkarton (DIN A4), Materialien und Gegenstände unterschiedlichster Art, Abbildungen aus Zeitungen und Zeitschriften, Papier, Buntstifte

Buchstaben können den Kindern auf vielfältige Art nähergebracht werden. Besonderen Spaß macht es, Buchstaben aus einzelnen Materialien oder passenden Gegenständen herzustellen. Je nach Alter des Kindes beginnt man mit der Herstellung weniger, bekannter Buchstaben, für die einfach und schnell passende Gegenstände gefunden werden, z. B. „K" wie Knöpfe, „W" wie Wäscheklammern.

Der Buchstabe wird von der Erzieherin in einem großen Druckbuchstaben vorgeschrieben und die Kinder können entlang dieser Linie die passenden Materialien, wie zum Beispiel gemalte oder ausgeschnittene Abbildungen, aufkleben.
Auf diese Weise kann so nach und nach das ganze Alphabet hergestellt werden.

M aus Muscheln

Tipp

Legespiele dieser Art lassen sich prima im Alltag einbauen. Beim Basteln mit Federn oder Wolle können die Federn zum Buchstaben „F" gelegt und die Wolle zum „W" geformt werden. Beim Essen kann schnell aus zwei Löffeln der Buchstabe „L" entstehen. Je häufiger die Kinder diese Spiele ausführen, umso fantasiereicher werden die Ideen. Wird ein „N" aus Nougatstückchen oder ein „G" aus Gummibärchen gelegt, sind die einzelnen Buchstabenbestandteile sicher schnell wieder verschwunden.

Beispiele

A aus Alufolie, Armbändern
B aus Bonbons, Bauklötzen
C aus Centstücken, Creme
D aus Dreiecken, Draht
E aus Erbsen, Erde
F aus Federn, Fingerabdrücken
G aus Geld, Gras
H aus Herzen, Heu
I aus Iglus, Instrumenten
J aus Jute, Johannisbeeren
K aus Knöpfen, Korken
L aus Luftballons, Linsen
M aus Muggelsteinen, Muscheln
N aus Nägeln, Nüssen
O aus Orangen, Ohrringen
P aus Plüsch, Perlen
Q aus Quark, Quadraten

„P" wie Perlen

R aus Radiergummis, Rosinen
S aus Samt, Sand
T aus Ton, Teig
U aus Uhren, Umschlägen
V aus Vasen, Vierecken
W aus Watte, Würfeln
X aus gemalten Xylophonen
Y aus Yukkapalmen, Ytong
Z aus Zucker, Zahnbürsten

Japanische Kinder lernen bis zum Ende der Grundschulzeit über 880 Zeichen. Im Alltag sind bis zu 1850 Schriftzeichen gebräuchlich. Diese Schrift wird von rechts nach links in Längsspalten geschrieben. Zum Vergleich: Das deutsche Alphabet besteht aus 30 Zeichen. Schon gewusst?

WANDBILD–ABC

Malerkittel, ausgedientes Zeitungspapier, 26 Keilrahmen (10 x 10 cm), Bleistift, Gipsbinden, Schale mit Wasser, Schere, Acrylfarben, Pinsel, Klarlack

Zunächst werden Tisch und Boden mit Zeitungspapier abgedeckt und die Kleidung mit einem Malerkittel geschützt. Die Erzieherin hilft dabei, den gewünschten Buchstaben formatfüllend mit Bleistift auf einen Keilrahmen zu schreiben.

Die Kinder schneiden die Gipsbinden in kleine, längliche Stückchen, tauchen diese in Wasser und legen sie auf die Bleistiftlinie. Damit die Buchstabenformen plas-

tisch wirken, werden die Stücke auf den Linien mit den Fingern geformt und mit den Seitenflächen an den Rahmen gedrückt. Diese Buchstabenbilder sollten etwa eine Stunde trocknen, bevor sie mit Acrylfarben bemalt werden.

Um die Buchstabenbilder noch haltbarer zu machen, werden diese zum Schluss mit Klarlack versehen.

Buchstabenbilder

Schon gewusst? *Die ersten beiden Buchstaben heißen auf Griechisch „Alpha" und „Beta". Daraus leitet sich der Name „Alphabet" ab.*

Varianten
• Buchstaben gegenseitig auf den Rücken malen
• Buchstaben mit dem Finger nachspuren und auf Papier nachmalen
• zu jedem ein passendes Anlautbild malen
• ein Buchstabe verschwindet von der Wand – welcher fehlt?

Tipp
Großen Spaß macht es auch, die Buchstaben gemeinsam zu betrachten und diese mit einzelnen Körperteilen oder mit dem ganzen Körper nachzustellen.

DAS ABC AUF DER WÄSCHELEINE

Wäscheleine oder Bindfaden, 26 Wäscheklammern aus Holz, kleine Pappkärtchen, Gegenstände, Bilder oder Zeichnungen passend zu den Buchstaben, mit einem Bindfaden versehen, Klebstoff, Schere

Für dieses witzige Alphabet werden alle Buchstaben auf Kärtchen geschrieben und auf Wäscheklammern geklebt. Nachdem die Wäscheleine gespannt ist, kann man die mit Buchstaben beklebten Wäscheklammern alphabetisch an der Leine befestigen.

Nun ordnen die Kinder diesen Buchstaben verschiedene Dinge oder Gegenstände zu und klemmen diese an einem Bindfaden an der Wäscheklammer fest. So hängen wir das Apfelbild zum „A", das gemalte Buch zum „B" ...

Varianten
• Buchstabengeschichten mit den Gegenständen erfinden
• Russischbrot und Buchstabensuppe essen und die Buchstaben an der Leine dazusuchen
• Buchstaben mit der Computertastatur vergleichen

Wir sind ein „A"

BUCHSTABENTAFELN

Lufttrocknende Modelliermasse, Modellierstäbchen oder Holzstäbchen, Messer, Nudelholz, Plastikunterlage, eventuell Sprühlack

Die Modelliermasse wird gut durchgeknetet und zu einer etwa 2 cm dicken Fläche ausgerollt. Aus diesem Stück schneiden die Kinder mit der Unterstützung des Erwachsenen ein ungefähr 15 x 20 cm großes Rechteck aus, das an den Kanten mit Wasser geglättet wird. Die Erzieherin ritzt den Buchstaben in Druckschrift vor. Sie zeigt dabei die richtige Schreibrichtung und benennt den Buchstaben deutlich. Nun fährt das Kind langsam mit den Fingern diesen Buchstaben nach.

Danach wird der Buchstabe mit mehr Druck in der Modelliermasse nachgespurt, sodass eine Vertiefung entsteht. Überschüssige Modelliermasse wird an den Seiten mit dem Modellierstäbchen verstrichen oder weggekratzt.

Nachdem die Buchstabentafel mindestens einen Tag getrocknet ist, kann sie mit Sprühlack versehen und dadurch haltbarer gemacht werden.

Die Vertiefungen in den Tafeln bieten eine sichere Führung und sorgen für einen guten Halt. So festigen sich auch schon bei jüngeren Kindern die Form des Buchstabens und die jeweilige Schreibweise. Die Buchstaben prägen sich nicht nur visuell, sondern auch taktil ein.

Varianten
- Perlen oder Wolle in die Buchstabenvertiefung legen
- den Buchstaben frei aus Modelliermasse oder Knetmasse formen
- Buchstaben mit dicken Stiften auf Papier nachmalen
- Buchstaben mit Pfeifenputzern biegen
- mit Klebstoff auf eine durchsichtige Folie malen (Buchstabenform liegt dabei gut sichtbar unter der Folie)
- in Zeitungen nach diesem Buchstaben forschen, ausschneiden und aufkleben
- Namensschild gestalten und bunt bemalen

Schon gewusst?

Viele Montessori-Materialien kommen eigentlich aus der Heilpädagogik. So benutzte Maria Montessori (1870–1952) großformatige Sandpapierbuchstaben, die behinderten Kindern den Zugang zum Lesen und Schreiben erleichtern sollten. Dieses Material war so erfolgreich, dass es bis heute hergestellt und in vielen Bereichen verwendet wird. Über das taktile Erfassen der Buchstaben festigt sich die Form im Gedächtnis. Maria Montessori nannte es das „Muskelgedächtnis".

Tipp

Das Nachspuren von Buchstaben und Zahlen ist zusätzlich eine sehr gute Vorbereitung für das spätere Schreiben, weil sich der Bewegungsablauf spielerisch einprägt. Hierbei ist es allerdings wichtig, die korrekte Schreibrichtung zu zeigen, um keine falschen Abläufe zu festigen, die sich später oft nur schwer korrigieren lassen (siehe auch Seite 36).

Buchstabentafel „P"

BUCHSTABENSÄCKCHEN

Pro Buchstabe ein Baumwollsäckchen mit Zugband (Schuh-beutel oder Brotbeutel), selbstklebende Filzbuchstaben oder bunte Velourspapiere, Bleistift, Buchstabenschablonen, Zeitungspapier, Tonpapier, Abbildungen aus Zeitungen und Zeitschriften, eventuell Laminiergerät, Klebstoff, Schere

Auf je ein Baumwollsäckchen wird ein Buchstabe aus Filz oder ein ausgeschnittener Buchstabe aus Velours-papier geklebt. Damit dabei die Vorder- und Rückseite des Säckchens nicht zusammenkleben, empfiehlt es sich, eine Lage Zeitungspapier hineinzulegen.

Pro Buchstabe beliebig viele Kärtchen aus Tonpapier zurechtschneiden (ca. 8 x 8 cm) und mit Abbildungen und Fotos bekleben. Die Abbildungen sollten passend zum jeweiligen Buchstabensäckchen mit dem gleichen Anfangsbuchstaben beginnen, also für „A" ein Bild einer Ampel oder einer Angel vorbereiten, zu „B" ein Buch aufkleben. Alternativ können auch reale Objekte in die Säckchen gelegt werden.

Tipp

Blättern Sie doch auch einmal in einem bebilderten Wörterlexikon mit der Gruppe, um passende Begriffe für die Motivkärtchen zu finden. Dabei erleben die Kinder den Umgang mit Nachschlagewerken. Danach können alle zusammen in Zeitschriften und Zeitungen nach Abbildungen und Fotos suchen.

SPIEL MIT DEN BUCHSTABENSÄCKCHEN

Die Kinder sitzen im Stuhlkreis und die Erzieherin nennt jedem Kind einen Buchstaben. Alternativ können auch Buchstabenkarten ausgeteilt werden. Die Buchstaben-säckchen liegen oder hängen gut sichtbar aus. Nun stehen alle nacheinander auf, suchen das passende Säckchen zum genannten Buchstaben und nehmen sich ein Kärtchen mit einem aufgeklebten Motiv oder einen Gegenstand heraus und setzen sich wieder auf ihren Platz.

Dann sagt das erste Kind einen Satz, in dem der abge-bildete Begriff oder der Gegenstand vorkommen soll, zum Beispiel: „Der **Affe** heißt Anton!" Danach ist das nächste Kind an der Reihe und erfindet einen Satz pas-send zu seinem Begriff: „Er bekommt einen roten **Ball** von mir!"

Auf diese Weise entstehen oft sehr lustige Geschichten und kleine Erzählungen, die von der Erzieherin auch mitgeschrieben werden können.

Buchstabensäckchen

Varianten

• durch gezielte Fragen werden die Motive in den Säckchen erraten: Ist es ein Tier? Wohnt es im Haus? Hat es ein Fell?
• mit den Säck-chen auf eine „Buchstabenjagd" gehen und pas-sende Buchstaben aus Holz, Moos-gummi usw. in den Beutel stecken; später werden die Beutel geleert und die Inhalte mitein-ander verglichen
• Mit den Buchsta-bensäckchen einen ABC-Weg legen

GESTALTEN UND SPIELEN MIT SCHRIFT

MEINE LIEBLINGS-CD

CD-Hülle oder Kassettenhülle, Buntpapier oder weißes Zeichenpapier, Buntstifte, Buchstabenstempel, Stempelkissen, eventuell Glitter, Klebeband, Schere

Die Kinder bringen von zu Hause eine Lieblings-CD oder eine Kassette mit. Zuerst wird das Einlagenblatt aus Papier, auf dem der Inhalt der CD bzw. Kassette steht, aus der Plastikhülle genommen und durch weißes Zeichenpapier oder Buntpapier in derselben Größe ersetzt. Diese neue Papierhülle kann nun nach Wunsch bemalt, bedruckt und beschrieben werden. Wer möchte, verziert die neue Hülle mit Glitter und malt einen Rand mit Muster aus. Sobald das Bild fertig ist, kann es in die Innenseite der Plastikhülle gesteckt werden.

Diese Arbeit sorgt für viel Gesprächsstoff, wenn jeder die Gelegenheit erhält, seine eigene CD oder Kassette vorzustellen. Ist es eine Musik-CD? Eine Kassette mit Geschichten oder einer einzigen, langen, fortlaufenden Erzählung? Welche Hörspiele sind besonders beliebt? Großen Spaß macht es auch, wenn die Kinder in Eigenregie ein Hörspiel aufnehmen und dafür eine eigene Hülle gestalten dürfen.

Wir gestalten ein Deckblatt

KUNSTAUSSTELLUNG

Planen Sie doch einmal eine richtige Kunstausstellung mit den Kindern. Sie lernen dabei nicht nur Schrift einzusetzen, sondern zugleich das Ordnen und Sortieren sowie eine übersichtliche Präsentation ihrer Arbeiten.

Bevor diese Ausstellung aufgebaut wird, ist es ratsam, gemeinsam eine Kunstausstellung zu besuchen. Für die Exponate können entsprechende Schilder und Etiketten geschrieben und gemalt werden. Die gesammelten Werke werden signiert sowie mit einem Titel und dem Entstehungsdatum versehen.

Ermuntern Sie die Kinder, ein Motto für die Kunstausstellung zu suchen, das z. B. auf ein Spruchband geschrieben wird. Daneben könnte auch ein schönes Plakat für die Eingangstür, vielleicht mit Wegweisern, gestaltet werden.

Die meisten Kinder wollen über ihre Werke sprechen. Was sie über ihr Bild sagen wollen, wird diesmal nicht einfach mündlich mitgeteilt, sondern der Erzieherin diktiert, die entweder auf Papier mitschreibt oder am Computer den Text tippt. Wer möchte, kann auch Fotos dazukleben, z. B. einzelne Arbeitsschritte, die zeigen, wie das Werk entstanden ist. Oder es werden einige verwendete Materialien neben die Bilder gehängt, um zu veranschaulichen, womit gearbeitet wurde. Um eine „sprechende Wand" zu gestalten, gibt es viele fantasievolle Möglichkeiten.

Wichtig dabei ist, jegliche Schreibversuche der Kinder ernst zu nehmen und zu unterstützen, auch wenn diese sehr eigenwillige Schreibweisen ausprobieren. Ähnlich wie bei der gesprochenen Sprache entwickelt sich auch die Schriftsprache in verschiedenen Stufen, Fehler sind dabei ganz normal.

Die weltweit erste Kunstausstellung wurde 1667 im Salon du Louvre in Paris eröffnet. König Ludwig XIV, der ein großer Kunstförderer war, ordnete an, dass sich dieses Ereignis von nun an jährlich wiederholen sollte.   **Schon gewusst?**

RIESENBUCHSTABEN

Seil oder Klebeband

Ein Buchstabe nach Wahl (besonders geeignet sind die Anfangsbuchstaben der Namen der beteiligten Kinder) wird mit einem Seil großzügig am Boden ausgelegt. Je nach Beschaffenheit des Bodens kann dieser Buchstabe auch mit Klebeband aufgeklebt werden und eine bestimmte Zeit, z. B. einen Tag lang, für weitere Spiele bleiben. So lernen die Kinder spielerisch neue Wörter, wie zum Beispiel Linie, gekrümmt, gerade, zackig, rund kennen und aktiv in Handlungen umzusetzen.

Die Kinder gehen auf diesem Buchstaben, am besten gleich in der späteren Schreibrichtung entlang, indem sie einen Fuß vor den nächsten setzen. Dabei wird der Buchstabe lautgetreu benannt, also „B" nicht „Be".

Auf dem Buchstaben kann natürlich auch gekrochen, gehüpft oder gekrabbelt werden. Finden Sie gemeinsam Begriffe mit dem passenden Anfangsbuchstaben und klatschen die entsprechende Anzahl der Silben dazu. Zudem fördert und festigt dieses Spiel den Umgang mit Präpositionen, wenn Sie Aufträge verteilen, wie zum Beispiel: „Stelle dich neben den Buchstaben. Laufe über das ‚A'. Stelle dich auf den Buchstaben."

Spiele dieser Art fördern die Raum-Lage-Wahrnehmung, eine wichtige Voraussetzung für das spätere Lesen und Schreiben. Zudem erkennen die Kinder, dass Buchstaben aus geraden, gekreuzten, gekrümmten oder gezackten Linien bestehen und festigen das Erkennen derselben.

Schon gewusst? *Wenn in Ihrer Gruppe manche Kinder sagen, dass das „A" rot ist oder die Zahl 9 grün sein muss, kann es sein, dass es sich um Synästhetiker handelt. Bei diesen Menschen sind mehrere Sinneswahrnehmungen miteinander verknüpft, was dazu führt, dass sie beispielsweise Laute, Töne, Buchstaben oder Zahlen farbig sehen.*

Varianten

• passende Gegenstände, Fotos und Abbildungen sammeln und in den Buchstaben legen
• Buchstaben großflächig nachmalen
• weitere Buchstaben sammeln und benennen, gedruckte oder geschriebene Buchstaben auf Papier dazulegen, Buchstaben aus Holz, Moosgummi oder Pappe zuordnen

MEIN NAME

Tonpapier in bunten Farben (DIN A4), Buchstaben-Riesen-stempel, entsprechend große Stempelkissen, Bleistift, Buntstifte oder Wachsmalkreiden, Laminiergerät

Den eigenen Namen zu schreiben oder gedruckt zu sehen, hat immer eine besondere Qualität für Kinder. Das Drucken mit den Riesen-Stempeln erleichtert es, die jeweilige Buchstabenform zu erfassen und bereitet ihnen zudem sehr viel Freude.

Zunächst werden gemeinsam die einzelnen Buchstaben ausgesucht, die für den jeweiligen Namen gebraucht werden und in der richtigen Reihenfolge ausgelegt. Eine weitere Hilfestellung ist es, vorher das Papier mit Punkten einzuteilen, damit alle Buchstaben auch auf dem Tonpapier Platz haben. Manchmal müssen die Namen quer aufgeschrieben werden.

Nachdem der Name auf Papier gedruckt und die Farbe etwas getrocknet ist, kann das Bild noch bemalt und mit Buntstiften weiter ausgestaltet werden. So entstehen im Handumdrehen fantasievolle und lustige Buchstabenmännchen.

Damit dieses Bild als Platz-Set, Bastelunterlage oder Schreibunterlage lange hält und auch abwaschbar ist, empfiehlt es sich, die Werke zu laminieren oder mit Folie zu überziehen.

Tipp

Sind die Namen der Kinder besonders lang und benötigen zum Aufstempeln zu viel Platz für das DIN-A4-Format, sollten kleinere Buchstabenstempel verwendet werden, damit der Name nicht getrennt werden muss. Manche Kinder malen nicht gern direkt in die Buchstaben ihres Namens. Hier können die Motive darunter oder daneben gesetzt werden.

Varianten

• zum Namen ein Foto des jeweiligen Kindes kleben
• passende Zahl zum Alter der Kinder dazudrucken
• Buchstabenmandala gestalten
• mit den Buchstabenstempeln Figuren und Muster aufstempeln

KOBOLDSCHRIFT

Buchstabenschablonen aus Pappe, Tonkarton (DIN A4), weißes Zeichenpapier (DIN A4), bunte Stifte, Klebeband, Bleistift, Schere

Zuerst benötigen die Kinder Negativschablonen von Buchstaben. Dazu können die Pappreste vorgestanzter und herausgedrückter Buchstaben verwendet werden.

Sollen die Buchstaben selbst gestaltet werden, schreibt die Erzieherin diese in Umrissen auf Tonkarton und schneidet sie so aus, dass der Rand unbeschädigt bleibt. Diese Schablone wird nun mit etwas Klebeband an allen Seiten auf dem Zeichenpapier befestigt, damit sie nicht wegrutschen kann. Das Kind malt die Innenfläche nun aus, indem es mit dem Stift kreuz und quer seine Spuren hinterlässt. Wer kann, setzt dabei den Stift nicht ab.

Natürlich kann der Buchstabe auch bunt ausgemalt werden. Sobald der ganze Buchstabe mit Linien und Spuren gefüllt ist, wird die Schablone abgelöst. Welches Kind hat die Geduld und die Ausdauer, auf diese Weise seinen ganzen Namen zu gestalten?

Buchstabenbilder

Krikel, krakel Koboldschrift!
Ganz alleine läuft der Stift!
Fahre hin und fahre her,
mit dem Stift ist das nicht schwer!

Varianten

• mit Papierklebeband die Buchstabenform auf eine feste Folie kleben, danach mit einem dicken, wasserfesten Stift darüberkritzeln, trocknen lassen und das Klebeband wieder ablösen
• in Pappbuchstaben oder auf Papier vorgeschriebenen Buchstaben mit unterschiedlichen Farben die Buchstabenformen nachspuren

Tipp

Die Kinder üben dabei auf spielerische Weise die Stifthaltung, ihre Feinmotorik und ihre Auge-Hand-Koordination, wichtige Fertigkeiten und Fähigkeiten, die auch in der Schule wichtig sind. Der jeweils bearbeitete Buchstabe wird ihnen durch viele Wiederholungen vertrauter, deswegen sollten Sie den Buchstaben immer wieder benennen, z.B. „Benutzt du für dein ‚A' jetzt die blaue Farbe?", „Dein ‚U' ist aber besonders schön gelungen. Dieses ‚U' kommt ja auch in deinem Namen vor."

Koboldschrift

MEIN ABC-BUCH

BLANKI-Mein-Ich-als-Kind-Buch oder BLANKI-Bilderbuch

Großen Spaß macht es den Kindern, ein eigenes ABC-Buch zu gestalten. Diese Bücher sollten an einem gesonderten Platz aufbewahrt werden und immer zur Verfügung stehen. Darin können sie schreiben, malen, lesen, Dinge sammeln, hineinkleben und vieles mehr. Da werden mit der Unterstützung eines Erwachsenen erlernte Buchstaben gesammelt, ausgeschnitten und hineingemalt, gedruckt, Collagen erstellt, eigene Gedichte und Reime sowie kleine Erzählungen festgehalten. Die ersten Schreibversuche sind dokumentiert, kleine Briefe können eingeklebt werden, der erste selbst geschriebene eigene Name taucht darin auf.

Manche Kinder malen sogar ihre individuelle Anlauttabelle in das Buch oder lesen auch immer wieder gerne daraus vor.
Die Kinder sind sehr stolz auf ihre Werke und arbeiten höchst motiviert und mit großem Eifer und Spaß daran. Wie wäre es, eine Ausstellung für die kleinen Autoren zu organisieren und ihre Werke zu zeigen?

Mein ABC-Buch

Tipp

Beschriften Sie je eine Seite mit einem Buchstaben aus dem Alphabet, dann können die Kinder selbstständig Bilder, Zeichnungen, Collagen passend zu diesem Buchstaben einordnen, dazukleben oder aufmalen. Trotzdem bleibt genügend Platz, mit Schrift zu experimentieren und eigene Ideen zu verwirklichen.

ÜBERRASCHUNGSEIER

Weißer Tonkarton, Bleistift, Buntstifte oder Abbildungen und Fotos aus ausgedienten Katalogen und Zeitschriften, Klebeband, Schere

Pro Buchstabe werden zwei Eiformen auf Tonkarton gemalt und ausgeschnitten. Eine Eiform wird in der Mitte mit unregelmäßigen Scherenschnitten durchtrennt.

Auf die hintenliegende Eiform werden Anlautbilder gemalt. Die zerschnittenen Eiformen werden darüber angeordnet und an einer Seite mit Klebeband befestigt, sodass die Eierschale wie ein Buch aufgeklappt werden kann.

Auf die Vorderseite schreiben oder kleben die Kinder den entsprechenden Buchstaben.
Nun kann das Überraschungsei betrachtet werden. Wie heißt dieser Buchstabe? Kennst du ihn? Welche Wörter, welche Begriffe beginnen mit diesem Buchstaben? Klappen die Kinder die Eierschalen nacheinander auf, können sie ihre Inhalte vergleichen.

Natürlich können auch die entsprechenden Wörter zu den Zeichnungen oder Fotos dazugeschrieben werden. Entweder schreibt die Erzieherin diese Wörter auf und benennt dabei die Buchstaben, die sie schreibt oder das Kind kann es mit etwas Hilfe schon selbst.

ALPHABETE

Schreibrichtung

A B C D E F G

H I J K L M N

O P Q R S T

U V W X Y Z

Blindenschrift

A B C D E F G H

I J K L M N O P

Q R S T U V W X

Y Z IE ß ST SCH Ä Ö

Ü AU ÄU EU EI CH , ;

. : ! ? ( ) – Zahlenzeichen

Mit vorangestellten Zahlenzeichen sind die ersten 10 Buchstaben zugleich die 10 Ziffern.

Fingeralphabet in der Gebärdensprache

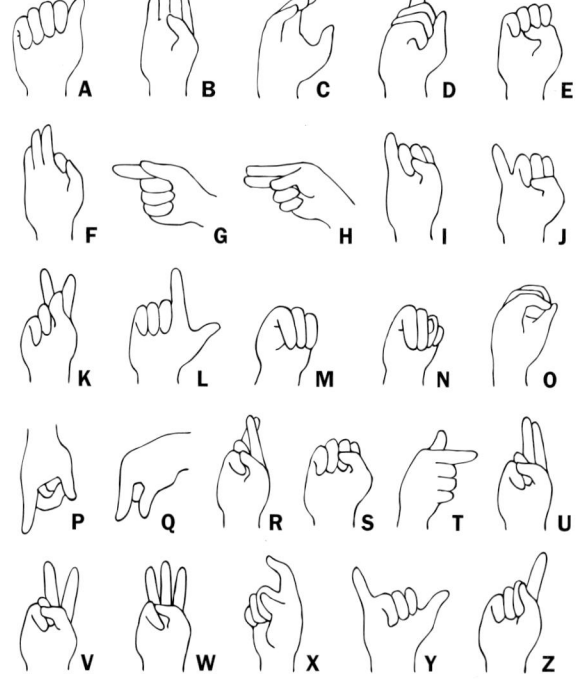

A B C D E

F G H I J

K L M N O

P Q R S T U

V W X Y Z

ALSVERLAG

ISBN 978-3-89135-174-1
Bestell-Nr. 29.814

9 783891 351741